Enhance
Your
Medical Spanish Vocabulary

Word Search & Study Guide

2nd Edition

The Spanish Lab, Inc.
2023

Thank you for your purchase!

At The Spanish Lab, Inc. our goal is to encourage quick and effective learning through repetition. We create exercises that are fun to do, while promoting meaningful memory gains. Simple exercises, when done repetitiously, have the ability to reinforce existing knowledge while acquiring new knowledge. In fact, studies show that just like repetitiveness in sports, repetitiveness in education reduces error and promotes achieving desired results (Sutter et al., 2022). Even better, studying a new language does not have to be a monotonous task left for the end of the day!

We understand that life is busy! This workbook is specifically designed for professionals who are short on time, and those who would like a fun alternative to the traditional learning style. Whether studying on your lunch break, or while waiting for the dentist, you can do it!

Enjoy!

The Spanish Lab, Inc.

Reference:

Sutter, K., Oostwoud Wijdenes,L., van Beers, R. & Medendorp, W. (2022). Even well-practiced movements benefit from repetition. *Journal of Neurophysiology.* *Volume 127 Issue 5. May 2022 Pages 1407-1416.*https://doi.org/10.1152/jn.00003.2022

How to get the most out of this book *(and your time)*

1. Repeat the examination phrases aloud three times and rewrite them in both English and Spanish three times, repetition is key!

2. Study the vocabulary definitions, read them aloud and then complete the vocabulary challenge.

3. <u>Word Search:</u>

   Step 1: Locate the vocabulary word in the puzzle

   Step 2: In the word bank, add the appropriate *tilde* (accent) to the vocabulary words

   Step 3: Correct the letter to ñ when appropriate

HINTS:

a. Words that end in 'sion' and 'cion' always have an accent mark (ex. ó and á)

b. *Tildes* are only used on vowels

c. Ñ and ñ are Spanish letters, and can change the meaning of the word, replace in word banks as appropriate

Refer to the vocabulary list for a visual reference of letters and accents used correctly

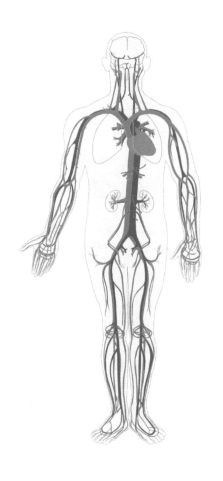

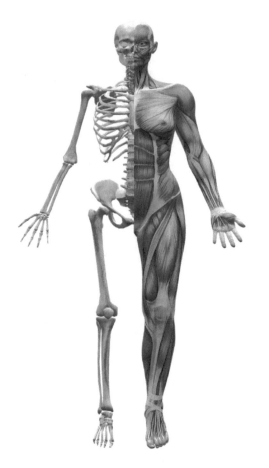

SISTEMA CIRCULATORIO

HUESOS y MUSCULOS

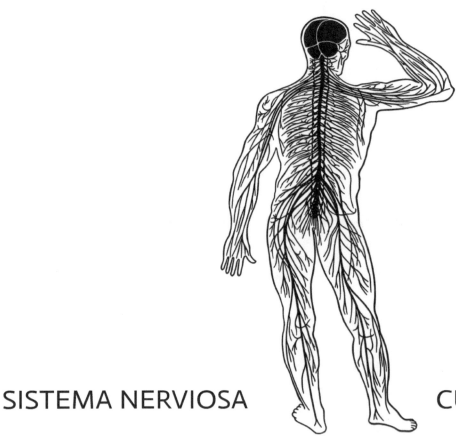

SISTEMA NERVIOSA

CUERPO HUMANO

Los Partes del Cuerpo

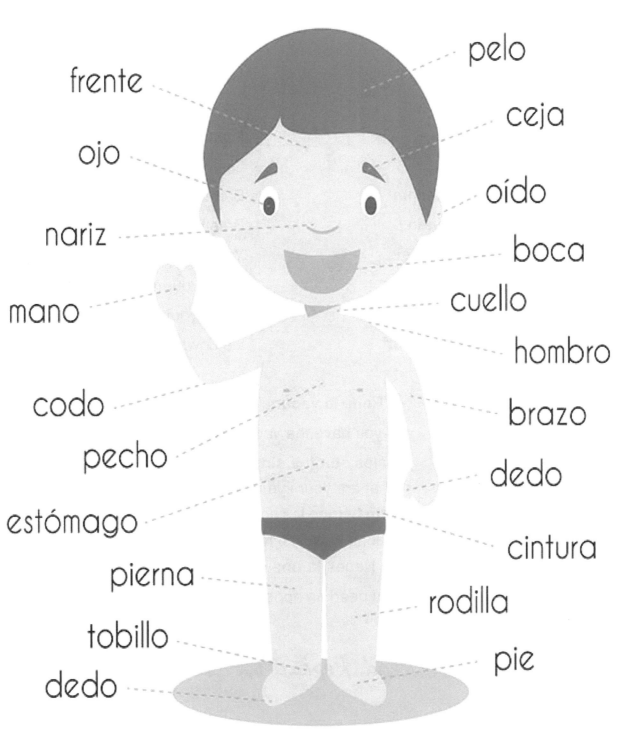

frente

ojo

nariz

mano

codo

pecho

estómago

pierna

tobillo

dedo

pelo

ceja

oído

boca

cuello

hombro

brazo

dedo

cintura

rodilla

pie

Examination Phrases

Spanish	English
¿Como se llama?	What is your name?
¿Cómo estás?	How are you?
¿Cómo te sientes?	How do you feel?
No me siento bien	I don't feel well
Puedo ayudarle	I can help you
Abre sus ojos	Open your eyes
Respire lentamente	Breathe slowly
Respire profundo	Breathe deeply
Necesita un análisis	You need a test
Abre la boca	Open your mouth
Levante la cabeza	Raise your head
Acuéstese por favor	Lie down please

¿Tiene la vacuna por....?

Do you have the vaccine for....?

¿Cuáles son tus síntomas?

What are your symptoms?

¿Cuánto tiempo las has tenido?

How long have you had them?

Necesita una cita

You need an appointment

Read. Repeat. Write.

Vocabulary

abdomen	abdomen	compañía de seguros	insurance company
abra	open	corazón	heart
acuéstese	lie down	corte	cut
adormecimiento	numbness	costillas	ribs
agarre mi mano	grab my hand	cráneo	skull
amígdalas	tonsils	cuando	when
análisis	test	cuello	neck
anemia	anemia	dedo	finger
anestesia	anthesia	dedo de pie	toe
apellido	last name	derecho	right
apriete	squeeze	descanse	rest
articulación	joint	deténgalo	stop
artritis	arthritis	diarrea	diarhhea
averiguar	to check	dientes	teeth
bacteria	bacteria	dieta	diet
baje	lower	diga	tell
barbilla	chin	dígame	tell me
báscula	scale	dirección	address
boca	mouth	doble	double
botulismo	botulism	doctor	doctor
brazo	arm	dolor	pain
bronquitis	bronchitis	dolor de articulación	joint pain
cabeza	head	dolor de cabeza	headache
cadera	hip	dolor de estómago	stomach ache
calcáneo	calcaneus	dolor de garganta	throat pain
camisa	shirt	dolor de músculo	muscle pain
cáncer	cancer	dolor de oído	ear pain
cara	face	dolor de pecho	chest pain
carpo	carpus	dolor de urinar	pain when urinating
cejas	eyebrows	dónde	where
celulitis	cellulitis	ejercicio	excercise
cerebro	brain	elixir el jarabe	cough syrup
chachete	cheek	empleador	employer
cierre	close	empuje	push
cintura	waist	en efectivo	cash
cirugía	surgery	encias	gums
ciudad	city	enfermera	female nurse
clavícula	clavicle	enfermero	male nurse
co-pago	co-pay	eschuar	listen
cóccix	coccyx	espalda	back
código postal	zip code	estado	state
codo	elbow	esternón	breastbone
columna vertebral	spine	estírela	stretch it

estómago	stomach	lengua	tongue
estornudar	to sneeze	levantar	to get up
estornudo	sneeze	levante	raise
estreñimiento	constipation	magullar	to bruise
evacuación	bowel movement	mandíbula	mandible
examinación	examination	mano	hand
examinar	to examine	mareos	dizziness
exhale	exhale	medicamento	medicine
falanges	phalanges	medicina	medicine
familia	family	médico	doctor
farmacéutico	pharmacist	mejilla	cheek
farmacia	pharmacy	mentón	chin
fatiga	fatigue	mesa de examen	exam table
fecha	date	metatarso	metatarsal
fecha de nacimiento	date of birth	movimientos	movements
fémur	femur	mucho gusto	Nice to meet you
fibula	fibula	mueva su pierna	move your leg
fiebre	fever	muñeca de mano	wrist
firmar	to sign	músculo	muscle
flujo vaginal	vaginal fluid	muslo	thigh
formulario	form	nariz	nose
frente	forehead	náusea	nausea
fumar	to smoke	nervio	nerve
genitales	genitals	no hable	don't speak
goteo nasal	nasal drip	nombre	name
haz un puño	make a fist	número de seguro	insurance ID number
hemorragia	hemorrhage	oido	ear
herida	wound	oídos	ears
hígado	liver	ojo	eye
historia	history	ojos	eyes
hombro	shoulder	ombligo	belly button
hormigueo	tingle	omoplato	scapula
hueso	bone	opinión	opinion
húmero	humerus	oreja	ear
incontinencia	incontinence	orina	urine
infección	infection	otra vez	again
información	information	otro	other
insomnio	insomnia	paciente	patient
intestino	intestine	pagar	to pay
inyección	injection	páncreas	pancreas
izquierdo	left	pantorilla	calf
la abrasión	the abrasion	pecho	chest
labios	lips	pesa	weight
laboratorio	lab	pestañas	eyelashes

picazón	itch	temperatura	temperature
pie	foot	termómetro	thermometer
piel	skin	tibia	tibia
piel seco	dry skin	tímpano	eardrum
pierna	leg	tobillo	ankle
por favor	please	tos	cough
pregunta	question	toser	to cough
presión sanguínea	blood pressure	un especialista	a specialist
pulgar	thumb	uña	fingernail
pulmón	lung	útero	uterus
qué ocurrió	What happened?	vejiga	bladder
radio	radius	vesícula	gallbladder
receta	recipe	vientre	belly
recibo	receipt	visita	visit
regularmente	regularly	voltee	turn around
respiración	breathing	vomitar	to vomit
respirar	to breathe	voy a	I'm going to
respire	breathe		
resultados	results		
riñón	kidney		
rodilla	knee		
rótula	ball joint		
sala	room		
sala de emergencia	emergency room		
salud	health		
sangre	blood		
sano	healthy		
saque	take out		
sarpullido	rash		
seguro	insurance		
seguro de salud	health insurance		
sentir mal	to feel poor		
sentir mejor	to feel better		
SIDA	AIDS		
siéntese	sit down		
síntomas	symptoms		
sudores por la noche	night sweats		
sueño	dream		
talón	heel		
tarjeta	card		
tarso	tarsus		
teléfono de casa	home phone		
teléfono de trabajo	work phone		

VOCBULARY CHALLENGE

abdomen _____

abra _____

acuéstese _____

adormecimiento _____

agarre mi mano _____

amígdalas _____

análisis _____

anemia _____

anestesia _____

apellido _____

apriete _____

articulación _____

artritis _____

averiguar _____

bacteria _____

baje _____

barbilla _____

báscula _____

boca _____

botulismo _____

brazo _____

bronquitis _____

cabeza _____

cadera _____

calcáneo _____

camisa _____

cáncer _____

cara _____

carpo _____

cejas _____

celulitis _____

cerebro _____

chachete _____

cierre _____

cintura _____

cirugía _____

ciudad _____

clavícula _____

co-pago _____

cóccix _____

código postal _____

codo _____

columna vertebral _____

compañía de seguros _____

corazón _____

corte _____

costillas _____

cráneo _____

cuando _____

cuello _____

dedo _____

dedo de pie _____

derecho _____

descanse _____

deténgalo _____

diarrea _____

dientes _____

dieta _____

diga _____

dígame _____

dirección _____

doble _____

doctor _____

dolor _____

dolor de articulación _____

dolor de cabeza _____

dolor de estómago _____

dolor de garganta _____

dolor de músculo _____

dolor de oído _____

dolor de pecho _____

dolor de urinar _____

dónde _____

ejercicio _____

elixir el jarabe _____

empleador _____

empuje _____

en efectivo _____

encias _____

enfermera _____

enfermero _____

eschuar _____

espalda _____

estado _____

esternón _____

estírela _____

estómago	_____	lengua	_____
estornudar	_____	levantar	_____
estornudo	_____	levante	_____
estreñimiento	_____	magullar	_____
evacuación	_____	mandíbula	_____
examinación	_____	mano	_____
examinar	_____	mareos	_____
exhale	_____	medicamento	_____
falanges	_____	medicina	_____
familia	_____	médico	_____
farmacéutico	_____	mejilla	_____
farmacia	_____	mentón	_____
fatiga	_____	mesa de examen	_____
fecha	_____	metatarso	_____
fecha de nacimiento	_____	movimientos	_____
fémur	_____	mucho gusto	_____
fibula	_____	mueva su pierna	_____
fiebre	_____	muñeca de mano	_____
firmar	_____	músculo	_____
flujo vaginal	_____	muslo	_____
formulario	_____	nariz	_____
frente	_____	náusea	_____
fumar	_____	nervio	_____
genitales	_____	no hable	_____
goteo nasal	_____	nombre	_____
haz un puño	_____	número de seguro	_____
hemorragia	_____	oido	_____
herida	_____	oídos	_____
hígado	_____	ojo	_____
historia	_____	ojos	_____
hombro	_____	ombligo	_____
hormigueo	_____	omoplato	_____
hueso	_____	opinión	_____
húmero	_____	oreja	_____
incontinencia	_____	orina	_____
infección	_____	otra vez	_____
información	_____	otro	_____
insomnio	_____	paciente	_____
intestino	_____	pagar	_____
inyección	_____	páncreas	_____
izquierdo	_____	pantorilla	_____
la abrasión	_____	pecho	_____
labios	_____	pesa	_____
laboratorio	_____	pestañas	_____

picazón	_____	temperatura	_____
pie	_____	termómetro	_____
piel	_____	tibia	_____
piel seco	_____	tímpano	_____
pierna	_____	tobillo	_____
por favor	_____	tos	_____
pregunta	_____	toser	_____
presión sanguínea	_____	un especialista	_____
pulgar	_____	uña	_____
pulmón	_____	útero	_____
qué ocurrió	_____	vejiga	_____
radio	_____	vesícula	_____
receta	_____	vientre	_____
recibo	_____	visita	_____
regularmente	_____	voltee	_____
respiración	_____	vomitar	_____
respirar	_____	voy a	_____
respire	_____		
resultados	_____		
riñón	_____		
rodilla	_____		
rótula	_____		
sala	_____		
sala de emergencia	_____		
salud	_____		
sangre	_____		
sano	_____		
saque	_____		
sarpullido	_____		
seguro	_____		
seguro de salud	_____		
sentir mal	_____		
sentir mejor	_____		
SIDA	_____		
siéntese	_____		
síntomas	_____		
sudores por la noche	_____		
sueño	_____		
talón	_____		
tarjeta	_____		
tarso	_____		
teléfono de casa	_____		
teléfono de trabajo	_____		

Word Search #1

```
I  A  Z  Z  Q  M  O  Q  Y  D  T  S  D  A  O  H  I  F  Q
H  K  C  A  D  H  I  R  J  A  M  A  V  B  J  W  M  M  C
L  A  P  X  D  Z  A  J  J  F  J  G  A  A  Z  F  R  T  Q
W  V  F  Q  P  O  B  F  M  N  T  A  W  Z  F  G  L  X  L
K  K  C  O  R  C  R  S  R  U  L  R  T  R  K  N  T  T  A
R  S  S  C  N  C  A  M  B  C  R  R  A  H  P  T  G  C  N
E  Q  T  M  N  C  N  I  E  S  O  E  J  L  C  C  A  I  E
A  V  C  M  N  G  V  C  D  C  A  M  I  G  D  A  L  A  S
J  P  C  B  N  U  F  G  V  H  I  I  D  H  E  D  S  O  T
C  W  E  E  R  K  P  J  Y  E  H  M  F  T  T  G  Y  X  E
F  Q  I  L  M  C  U  K  S  N  H  A  I  S  Y  T  J  P  S
M  N  M  K  L  X  A  E  N  J  W  N  E  F  R  I  F  I
M  O  K  C  E  I  T  M  U  X  G  O  O  E  N  H  F  V  A
W  R  H  X  P  S  D  L  N  W  I  D  I  T  M  T  F  I  Y
X  Q  P  D  E  Q  T  O  X  O  Y  T  R  N  Y  I  O  W  T
M  H  S  U  D  M  E  H  E  O  R  X  L  J  J  D  A  Z  Y
R  A  C  W  D  K  S  G  S  I  A  A  B  D  O  M  E  N  N
D  A  N  A  L  I  S  I  S  Q  O  N  D  I  O  H  I  H  V
I  X  B  U  F  A  R  K  L  U  C  B  W  Y  T  D  D  K  N
```

ABRA	ANEMIA	ABDOMEN
ANALISIS	APELLIDO	ACUESTESE
AMIGDALAS	ANESTESIA	ADORMECIMIENTO
AGARRE MI MANO		

Word Search #2

```
T  G  T  U  V  K  K  B  B  L  A  G  I  N  A  K  F
P  U  C  W  J  A  I  B  K  O  R  L  P  R  J  S  G
S  L  W  Z  T  R  J  A  A  M  T  K  S  C  R  P  V
K  X  L  G  C  T  I  W  X  S  I  U  A  C  E  A  N
S  G  Q  I  N  R  W  H  F  R  C  Y  L  F  N  N  M
O  K  A  L  E  I  B  L  W  T  U  U  K  I  F  P  W
E  K  T  T  N  T  P  A  V  I  L  M  L  F  S  C  T
H  O  C  D  P  I  A  H  R  W  A  W  G  A  S  M  B
R  A  P  S  D  S  W  G  T  B  C  C  E  J  N  M  O
B  Z  C  C  L  F  Q  H  U  O  I  E  T  I  A  O  B
S  P  N  O  I  W  C  I  E  C  O  L  W  X  B  L  B
L  M  O  W  Y  F  E  T  R  A  N  T  L  U  E  L  R
F  K  M  I  A  V  E  R  I  G  U  A  R  A  Z  G  J
B  C  T  E  V  I  I  Z  A  F  G  A  J  I  V  Y  D
S  N  C  W  R  R  L  J  N  I  B  A  J  E  L  R  C
X  U  S  P  O  H  O  X  Z  J  A  V  C  O  W  M  M
L  L  A  K  W  O  M  K  M  P  R  C  O  U  M  F  R
```

BAJE	BOCA	APRIETE
BASCULA	ARTRITIS	BACTERIA
BARBILLA	AVERIGUAR	BOTULISMO
ARTICULACION		

Word Search #3

```
W   W   J   H   B   Y   C   S   J   W   I   B   T   T   Z
F   I   C   A   R   P   O   D   O   K   J   A   A   O   W
L   B   R   O   N   Q   U   I   T   I   S   N   R   B   R
C   Z   E   F   G   L   T   T   Z   I   H   D   M   R   N
I   A   H   U   O   R   V   F   M   Z   B   L   X   A   A
P   M   N   U   Z   P   F   A   K   U   C   P   Z   Z   U
S   J   H   C   E   Y   C   L   K   A   Z   J   E   O   J
O   G   X   C   E   F   Q   A   I   Z   T   B   H   J   C
P   C   D   M   A   R   X   W   L   E   A   J   R   D   A
X   R   A   Q   K   O   I   M   P   C   E   J   A   S   R
I   V   K   I   E   F   J   L   X   C   A   D   E   R   A
V   H   H   R   A   S   X   G   G   K   F   N   T   I   R
L   T   C   P   F   N   P   J   L   M   P   Z   E   B   Q
J   H   C   I   Z   I   S   Q   X   O   R   K   I   O   O
L   E   A   S   V   P   G   V   I   J   M   Q   E   D   F
```

CARA
CEJAS
CAMISA
BRONQUITIS

BRAZO
CABEZA
CANCER

CARPO
CADERA
CALCANEO

Word Search #4

```
L  C  L  O  P  H  N  R  I  Z  H  Y  H  F
A  F  H  C  I  E  R  R  E  O  X  G  A  V
C  F  C  E  L  U  L  I  T  I  S  S  A  W
U  I  J  W  T  A  G  P  C  M  J  C  Q  T
P  F  N  Q  T  Y  V  C  H  G  X  I  N  C
N  P  A  T  N  U  O  I  A  Y  A  R  V  H
Z  V  W  X  U  C  A  F  C  S  G  U  D  O
T  J  G  M  Y  R  G  D  H  U  B  G  O  S
E  H  S  U  D  K  A  H  E  L  L  I  M  W
F  F  Z  J  O  D  S  N  T  B  D  A  B  W
O  A  M  O  U  A  D  C  E  R  E  B  R  O
P  B  H  I  R  P  E  S  F  O  C  W  F  U
P  E  C  O  P  A  G  O  L  N  K  W  D  G
Q  M  C  Q  P  V  H  B  V  T  M  B  I  M
```

CIERRE	CIUDAD	COCCIX
CEREBRO	CINTURA	CIRUGIA
CO-PAGO	CHACHETE	CELULITIS
CLAVICULA		

Word Search #5

```
S R U K W B Q Y A I T T F E R W Y K P Q F P
U F Z J L J M Y G S D V U Z O U I A H O K T
T L G O Q V B A D C J W Z O T H U N F W H T
Y R I U U F N G H Z O D M T I L C R E S L O
T Q H C O M P A N I A D E S E G U R O S V K
S Q E N U Q O R C P M H I G S A A K D E S B
E K M L K S G E O K U T N G O B N L U R L F
Q V O E O A Q N N C O R A Z O N D C Q O V J
S C P A F J Q N Y Z O T L Y V P O C E E M W
H A T R U U Z U V S O M C Y B I O N M W I R
R Q W P C H S W X C O S T I L L A S W E H Y
K Q A O Q M C D L J I O X X C R T R T L W M
X U K W V N J W B M Y Z N Y C C E R Y A E S
V T Z N W S V S M F O N Z L Y L O B J W L K
P Q T S U G W C R B N S L Y U C K Q P T Z T
V T L D Z U X O W J Q E H L C Y O H H O W X
Q X W V G B W E I K D H K C D Y X M U Q C
P L X C S J L B G G Q B O L K Y O V F I F R C
P W K I A K O L C D B R R K F U D A T S G Y
V B X H R Z F S L L J J T A L Z I O Z Q V V
Z J F Y W P S I Y C B Q K R J Z Z A G M W X
A P X W M N L O B D B P Q N U D Y M C O C R
```

CODO
CRANEO
CORAZON
COMPANIA DE SEGUROS

CORTE
CUANDO
COSTILLAS

COXIS
COLUMNA
CODIGO POSTAL

Word Search #6

```
H  Q  D  E  D  O  D  O  E  P  I  E  A  N  B
G  E  M  D  E  W  Q  I  A  C  T  O  P  Y
D  Q  Z  E  T  I  O  T  H  O  I  S  J  M
M  E  Q  R  E  U  F  D  D  I  I  T  D  U
D  W  S  E  N  O  O  P  E  I  W  Z  F  O
C  P  G  C  G  U  J  X  J  D  E  R  F  G
O  Y  B  H  A  S  D  Z  S  D  O  T  Z  O
B  G  N  O  L  N  T  D  A  U  E  C  A  G
S  V  K  C  O  P  S  A  I  J  C  R  H  L
K  Y  J  W  F  S  D  E  I  G  E  O  Q  L
L  C  O  U  D  I  A  R  R  E  A  G  I  G
N  A  C  H  W  K  F  C  N  T  N  F  V  J
E  Q  T  P  H  C  C  P  L  Z  Y  B  K  W
D  I  E  N  T  E  S  C  U  E  L  L  O  X
```

DEDO
CUELLO
DIENTES
DEDO DE PIE

DIGA
DERECHO
DESCANSE

DIETA
DIARREA
DETENGALO

Word Search #7

```
L M L W D D B O V M K O A A E Q M T Z A
C J A Y O Q U U D B M X G F C B G M I D
A H T F L S Z J U O M N E U Y S D N A O
V T M L O C B X N T M N F K X D O B F L
J D W C R I D D V B Q W B W O I Z E T O
B H O I D O L O R D E M U S C U L O G R
E P E L E H I L A G Q H P C A D D G D D
A Y L A O O C O I N U Z E D H V C U I E
W Q Y W I R S R I H K R G C R Y H T G C
V G O J D G D D W U I N D O B L E W A A
D O C T O R J E O D D Q O J V I H M B
U P K N F W L G E O Z W L T R B F H E E
X S J K E C M A L S H U G M A A T X S Z
C N S K O U Q R U A T X K A F D K X K A
D O L O R E M G G I W O D G F J U U N Q
O A X O K H M A B Z U A M H Y Z B D M E
K Q W D Y D E N Z O Y I E A K I J R O P
R N I M P Y F T G Z R J W E G S P R U Y
C Q F P T Z D A N K Q G F T O O A S S B
M V H P L B N L B M C R G O M N Y M W Y
```

DOBLE
DOCTOR
DOLOR DE CABEZA
DOLOR DE GARGANTA

DOLOR
DIRECCION
DOLOR DE MUSCULO

DIGAME
DOLOR DE OIDO
DOLOR DE ESTOMAGO

Word Search #8

```
E C N E M P L E A D O R Y R Z K K N E
L K P P W C F E C B Z Q D D C I G D K
H H K M G S X V A L D K G O U F D L P
D H E E M P U J E L S K V L N G C X M
Q E D O L O R D E P E C H O X D A G U
E I K L Z I G E C Q A L S R T D E L K
R Q G T B O X L E S H C J D M C O D I
O G W O Q N E I T R B U G E B L T F Z
P E L G D Z J G R P Q W S U U E O Y D
G B N D M T E V G E Y Y B R N W E L T
K Q T E O D R N W Q L D X I X R W S J
B J M O F C C V F C O J A N V Y A Q X
K S E U U E I Z G E T W A A D I J P B
Q H C U J U C U G L R Y R R C N E I Z
W Y B N Q A I T H K Z M M N A J V K X
Q P N I U E O P I Q Z J E R C B M H L
G T N S I R J B Z V W A K R U X E Y E
Z H G X K R X S B U O V R X A F X Y Z
X N H R P A L R T R F G L K N Y V F Y
```

DONDE
EJERCICIO
EN EFECTIVO
ELIXIR EL JARABE

EMPUJE
EMPLEADOR
DOLOR DE PECHO

ENCIAS
ENFERMERA
DOLOR DE URINAR

Word Search #9

```
E  E  R  G  K  D  Q  X  Z  W  D  V  M  W  T  S  Z  E
X  S  D  I  N  H  X  D  W  A  O  S  A  E  X  Q  U  O
W  E  E  E  F  G  H  L  S  E  G  R  S  S  F  W  H  K
O  T  S  S  Y  A  H  M  V  F  L  P  H  F  Y  G  U  W
V  U  T  T  A  S  E  J  Y  J  H  X  G  J  Z  Z  T
X  I  O  O  R  O  S  D  S  U  V  R  N  X  R  G  B  V
E  U  M  R  Z  E  R  E  W  T  V  L  K  P  E  U  P  C
S  W  A  N  J  Z  N  N  S  C  A  Y  F  A  C  H  M  X
C  L  G  U  U  N  L  I  U  T  A  D  Z  F  Y  N  L  K
H  V  O  D  S  B  N  Z  M  D  I  T  O  B  X  A  V  A
U  I  F  A  Z  C  A  I  L  I  O  R  R  G  D  N  U  A
A  B  F  R  F  Z  X  A  K  E  E  E  E  F  R  N  U  A
R  X  R  F  D  W  P  M  V  M  E  N  N  L  P  A  O  J
O  P  C  Q  L  S  K  Q  R  Y  T  E  T  P  A  K  J  B
O  H  L  F  E  R  I  E  S  T  E  R  N  O  N  O  B  K
P  X  J  U  U  C  F  N  W  O  D  J  G  I  M  J  O  J
D  O  Q  Z  K  N  K  H  M  A  F  G  V  R  W  M  T  Q
O  F  M  G  E  O  P  O  D  Z  W  N  F  S  A  J  A  N
```

ESTADO
ESTERNON
ENFERMERO
ESTRENIMIENTO

ESCHUAR
ESTIRELA
ESTORNUDO

ESPALDA
ESTOMAGO
ESTORNUDAR

Word Search #10

```
E  X  A  M  I  N  A  R  Y  Y  J  R  M  F  A  M  M
R  P  T  M  K  S  U  V  Y  M  A  E  B  R  Z  F  U
Q  E  U  E  G  N  P  N  Q  I  I  F  D  T  O  T  L
V  I  E  X  X  O  I  R  L  Q  E  B  R  S  O  B  D
S  L  Y  I  D  F  S  I  C  U  X  U  Z  O  L  M  I
C  S  G  O  J  F  M  W  R  X  A  T  W  M  W  C  M
J  Q  M  N  Q  A  O  Z  Q  Z  M  S  Y  O  P  P  C
U  H  O  Z  F  R  W  R  G  Y  I  Z  D  N  H  Q  I
X  S  Q  K  L  M  T  C  X  P  N  B  O  K  K  B  R
I  W  E  L  F  A  T  I  G  A  A  I  Z  V  Q  Z  Q
F  A  R  M  A  C  E  U  T  I  C  O  E  F  U  E  L
Z  K  T  Y  Y  I  E  N  D  A  I  B  N  Y  O  F  O
U  R  P  U  K  A  X  J  U  Q  O  H  B  K  F  J  N
J  Y  E  S  W  M  H  C  I  R  N  L  E  G  Z  J  R
I  I  C  F  A  L  A  N  G  E  S  K  J  H  Q  C  Z
F  F  J  I  X  V  L  Z  L  O  T  I  O  Y  R  U  C
H  G  U  Q  E  F  E  C  H  A  S  Z  S  M  D  V  I
```

FECHA	EXHALE	FATIGA
FAMILIA	EXAMINAR	FALANGES
FARMACIA	EVACUACION	EXAMINACION
FARMACEUTICO		

Word Search #11

```
A T F R B G T K H R V V B F J M J Y F C L T
L R L E R K W O Q C A U T J V C A B M H H A
L V X G C F G R A E F M U E I U V Y R Q D I
B E X H T H F I B U L A V Z W A Z A O N P E
W O F I R M A R H E U Z Q P Q U Y L B H B A
E J T H X V C D T F J Z D Q F J S W Y F Q H
Z Q O V G Q D K E A O J Q F K E E T N W D W
V M U F L U H B M N V N M C L R S B F Z M D
F O R M U L A R I O A F F A B Z K T S D E O
H F H Y G H X Q A T G C T E Q A I F S T G T
J R X F W T U O R B I I I V R J Z H V M H P
G H P L O M F B X D N F X M J Q I C M R A J
Z Q P K X J M Q G E A Y Q T I T K K Y N U N
K A Q T F D R O G R L E R I W E O X C T B Z
A Z K G F U Z O Y F G A Y D S P N N I X G J
L Z X X W Z M C H R R D O I Y R H T U T W P
A Y Z G G T N A E E Q O V T A Y J W O T Z O
A C L P S P M H R N Q L L E B A R Q D P P Q
T Y Z J R X E D C T X U Z C O U G W E N J U
F N Q X G I Y Y H E N Y Z L M M K F L P K S
Z W A N U Q W S N R F K I E Q C J K I U B L
Q B G F L U O E P G X U F H R I Q Y Y O U F
```

FEMUR	FUMAR	FIBULA
FIEBRE	FIRMAR	FRENTE
GENITALES	FORMULARIO	FLUJO VAGINAL
FECHA DE NACIMIENTO		

Word Search #12

```
P  Y  H  G  V  J  M  H  I  G  M  R  H  Q  C
D  L  M  I  H  T  O  H  U  H  P  F  I  J  M
N  O  O  U  S  L  O  R  O  E  G  S  G  D  N
X  O  J  H  P  T  L  T  A  M  S  H  A  S  K
T  A  G  G  W  V  O  O  U  O  B  O  D  B  G
T  J  T  O  E  B  Y  R  O  R  M  R  O  A  M
B  R  Z  A  T  V  S  N  I  R  I  E  O  L  W
P  H  I  Y  R  E  U  Y  O  A  U  Q  H  P  D
P  P  E  X  O  P  O  X  E  G  Q  T  K  W  H
N  X  K  R  N  S  K  N  I  I  J  K  Z  M  U
K  H  Q  U  I  X  P  M  A  A  Y  P  L  Q  T
E  V  Z  N  S  D  R  X  C  S  D  S  L  J  X
V  A  F  H  P  O  A  U  M  C  A  R  K  V  I
H  Z  D  W  H  U  M  E  R  O  S  L  X  H  O
S  T  T  A  O  O  I  Y  N  R  P  H  A  Q  P
```

HUESO	HERIDA	HIGADO
HOMBRO	HUMERO	HISTORIA
HORMIGUEO	HEMORRAGIA	GOTEO NASAL
HAZ UN PUNO		

Word Search #13

```
W  F  L  S  H  C  Q  T  I  I  Z  A  L  C  A  Z  I  C
B  P  L  W  P  V  C  Z  X  I  T  L  F  B  X  L  N  Z
I  N  F  O  R  M  A  C  I  O  N  M  O  E  L  I  T  Y
X  J  C  Y  V  L  T  W  I  B  O  F  F  E  J  A  E  D
D  U  X  W  B  A  A  U  N  I  V  I  E  B  K  I  S  K
Y  X  B  Z  L  U  B  B  C  K  I  J  C  C  V  B  T  E
I  Z  Q  U  I  E  R  D  O  K  N  H  F  B  C  J  I  P
U  N  N  U  M  H  G  R  N  R  N  H  Q  C  L  I  N  S
W  V  Y  D  V  M  M  Z  T  O  A  T  T  I  K  D  O  I
K  T  V  A  F  W  S  Q  I  O  O  T  C  N  L  D  D  N
X  Y  K  X  P  M  J  C  N  Q  K  V  O  G  M  J  F  S
M  F  N  K  N  K  C  Q  E  C  S  T  H  R  T  N  R  O
F  O  T  B  Q  E  R  D  N  C  A  L  A  B  I  O  S  M
F  G  C  P  Y  M  Q  Z  C  V  G  S  C  B  E  O  R  N
M  Z  X  N  R  R  B  J  I  B  C  O  N  Y  V  P  H  I
W  Q  I  D  J  L  L  A  A  B  R  A  S  I  O  N  H  O
E  R  U  W  N  X  U  A  P  W  T  Z  Q  U  O  G  U  N
N  U  M  J  F  B  F  K  E  Q  Y  Z  Z  W  U  B  D  B
```

LABIOS	INSOMNIO	INFECCION
INTESTINO	INYECCION	IZQUIERDO
INFORMACION	LA ABRASION	LABORATORIO
INCONTINENCIA		

Word Search #14

```
K G P J B A O Z C N O E O F Y U
V R U M M L I P E T Z I L M Y E
I H F A E F S K S Z E J N A Z B
G A K N D T F V C O E Y Y L L I
P H Q D I G B T C L E X L X E R
M E D I C A M E N T O X I J V P
L K Z B O T A E M R Y G Y C A M
P E Z U G U L K D A A E J N N G
S L V L R X J E E I N V O T T S
G E M A R E O S V I C O B B A W
G N R O N L X P H Q F I W D R J
B G I I H T H G H O H Z N Y J M
Z U I D O U E D C K P X O A E B
M A G U L L A R X S Q J F Z F K
U R X O W N D X A W L Z K I L G
H E L G J F F Q B E U G K W I R
```

MANO
MEDICO
MAGULLAR
MEDICAMENTO

LENGUA
LEVANTE
MEDICINA

MAREOS
LEVANTAR
MANDIBULA

Word Search #15

```
V  N  K  L  E  Q  E  T  G  K  J  G  P  L  I  C  B  V
H  G  F  R  I  V  T  Z  N  W  H  G  B  I  L  D  P  E
L  T  A  W  M  Y  Q  M  S  U  Y  B  P  R  U  M  A  T
F  J  R  D  G  O  X  E  U  G  Y  B  Z  A  J  E  P  K
Y  F  B  M  X  U  V  J  Y  N  W  H  N  R  R  S  V  A
E  P  R  E  M  L  W  I  S  E  E  R  Q  U  H  A  W  M
N  I  M  V  U  P  X  L  M  H  E  C  U  W  U  D  Y  E
A  O  M  U  S  C  U  L  O  I  G  H  A  B  X  E  F  T
Y  H  Z  Y  L  B  O  A  P  S  E  C  C  R  G  E  Y  A
W  Q  S  V  O  E  G  U  X  C  G  N  S  H  Q  X  H  T
U  R  J  L  K  E  S  W  C  S  Q  M  T  J  F  A  R  A
P  J  S  Q  O  A  L  D  V  B  X  F  A  O  K  M  B  R
Z  N  D  C  V  Q  W  D  L  G  U  F  V  B  S  E  T  S
O  T  B  E  F  F  H  O  E  H  E  U  Y  C  P  N  L  O
D  J  U  B  X  M  O  Z  A  S  N  U  M  V  O  T  R  E
R  M  U  C  H  O  G  U  S  T  O  C  I  L  F  O  Y  D
Y  Z  W  Z  Y  Z  G  G  T  C  B  N  G  P  O  N  Q  T
Q  P  N  V  J  M  H  J  P  P  J  W  X  S  E  E  N  E
```

MUSLO	MENTON	MUNECA
MEJILLA	MUSCULO	METATARSO
MOVIMIENTOS	MUCHO GUSTO	MESA DE EXAMEN
MUEVA SU PIERNA		

Word Search #16

```
C T D R Z F G Y Z K H P R T P L U N Q
R H L N W F D J X A I T P Q P S K A X
B L O J W D G I Z E P G J T A O D U V
Z T Z D I C G X T L R L Y M J J A S B
A D H B C C Q L D I N S V O S N N E A
O N W N D T E I J F S G L A C A O A R
M G W M S D L B M Y U R O Q Q R H G P
L R V X X V K T Z C O T A M U I A U H
U E M E A N G N Z H D A S G M Z B C T
R J O T J Y Z G Z O U Y E Y P X L R C
H V B Z A H U K I B Y S E J N W E E P
L E I D L V I L I N E R V I O Y R Q Y
E W H V B I J D A D B O I D O A Q G X
S H O T H X D W O M V T V E R I V U K
N J Q C O C N R O B Z I M B A K B L L
X E L V N K E N W I P O E L Y P A Q P
E U T X B M R B D C D J A E G M Y Z M
M U P M U V I N E C A O S B O P Y U O
N I A N U J D Z P B H S S S A H B E Q
```

OJO
NARIZ
NERVIO
NUMERO DE SEGURO

OIDO
OIDOS
NOMBRE

OJOS
NAUSEA
NO HABLE

Word Search #17

```
P  O  P  I  N  I  O  N  H  P  A  C  B
A  A  T  Q  D  B  R  P  T  K  K  P  J
N  L  C  R  Q  K  I  V  R  V  V  T  I
C  T  D  I  A  D  N  P  P  P  B  N  I
R  F  P  O  E  V  A  T  G  E  Y  V  L
E  P  Z  A  C  N  E  O  R  E  J  A  Z
A  S  M  K  G  O  T  Z  D  N  O  F  J
S  G  R  E  C  A  G  E  M  T  T  P  P
H  M  N  B  L  L  R  Q  K  K  R  Q  I
H  T  E  P  O  M  B  L  I  G  O  L  J
V  X  O  T  U  D  P  E  S  Z  N  Z  G
N  M  M  U  V  B  G  D  X  U  T  N  Q
O  U  L  V  I  Y  T  A  R  K  W  F  C
```

OTRO
PAGAR
OMOPLATO
PANCREAS

OREJA
OMBLIGO
OTRA VEZ

ORINA
OPINION
PACIENTE

Word Search #18

```
P  E  S  T  A  N  A  S  B  T  V  D  M  R  O
O  Q  L  A  C  X  Z  S  Q  I  N  B  T  T  Q
R  P  I  E  R  N  A  L  H  F  C  P  X  Z  O
F  G  A  I  V  O  I  G  O  Q  E  I  P  N  B
A  C  C  N  O  R  I  E  C  J  W  E  A  A  N
V  P  H  P  T  O  S  O  U  A  S  L  P  A  Q
O  Y  A  X  I  O  J  P  Z  E  E  S  S  F  E
R  U  Z  Y  P  C  R  X  H  M  D  E  C  T  H
N  X  O  J  D  D  A  I  S  J  P  C  K  X  T
T  M  C  H  L  N  A  Z  L  T  H  O  G  V  X
S  C  E  E  N  S  V  R  O  L  V  Z  X  Y  T
F  C  I  S  P  I  E  T  C  N  A  J  R  H  R
F  P  Y  R  E  U  U  P  E  C  H  O  D  O  C
G  Y  L  D  O  Y  H  O  R  M  J  K  P  Z  X
P  E  G  M  P  T  E  G  R  W  C  T  O  O  O
```

PIE
PECHO
PESTANAS
PANTORILLA

PESA
PIERNA
PIEL SECO

PIEL
PICAZON
POR FAVOR

Word Search #19

```
R D E B U M A Z G Q P R F K J G X U Y D G
N D B R P C G W P B O S X X R W P R T G L
Y U R D R K M P H Y I U N B M K O K H E H
O F E R E C I B O C O V K V O Z T C A S R
U E S Y S V N W L O J P O H R F X W L I Z
B T P N I T W J T I E M C U T H X P S C E
N L I C O Z T L K J J V U B S G L O V V U
N V R T N Y E T V G P W F T R Z Q D I K U
B S A H S R V J N R Z J E K T C Z W X C O
V D C F A B B P V D M P O M A F U W W C T
K M I O N D S S P G Y S O T B Y Q C C D Y
L J O D G R C P U M N W N X B O K U R Z K
X Y N W U H N L N V U U T I Y O I S Z O
J T V H I R H R G N G P O R W F B M W H U
D S G C N E A S A E Z O R T K I G B U S T
M A L P E C X D R F O U R L K N D A A Z M
J C P C A O N P I L C Q I E Y Q T K U E T
L X R T N J X P O O B Q W U C R S A C W G
B W D A A M B R E G U L A R M E N T E E F
U Q E U J E P U L M O N I Z W D T Q J T F
N F P A K B Q P Y Z H P S B N R I A I O H
```

RADIO
RECETA
QUE OCURRIO
PRESION SANGUINEA

PULGAR
RECIBO
RESPIRACION

PULMON
PREGUNTA
REGULARMENTE

Word Search #20

```
B Y S K M P N T V N P Y K H R R V C J G Q
O X S Q Q V D N I L N Q D A P H W Y Q G G
Z P S A U M V X O Z Z X G F X O I Y H K C
Q M G Z L P T H I G V C M E Z J U R A H M
A N E F F A G H F C D A G D P V S A S Y F
W E X Y P M D D O H Z T X N K U L O Z G Q
A T C D R I R E S P I R E E L L K J H G D
T X J H S R S D E U L N C Q I A Z X K N Q
J A W G J M A Q A M Y L F D G Y H L R O L
D R O Y P B L K R W E E O J I E F C B R D
E Z C P O Q A C M Q A R I X N C A C H U L
K J P V V B S Y S I L G G A I D R Q L J R
F R P X Y L O K T J T L L E T B E A N A B
S U Y G P S C B U I H U C S N P S N H N T
Q U X N E Q P C R S T V C Z R C P G M N Z
S N R Y C J Y Y G O D W G D N C I E Z D N
E R G N Z S J D R P W S K X T T R A Z D G
B Y R I Q P N Y F M Z M L C I I A I J Q S
V T O Y R K X S B K I K W N W A R Q N U F
S A N G R E S U L T A D O S Q O C G N O W
U X Y Y D C Y I X V L A T Y U V O U G E N
```

SALA	RINON	SALUD
ROTULA	SANGRE	RESPIRE
RODILLA	RESPIRAR	RESULTADOS
SALA DE EMERGENCIA		

Word Search #21

```
V  X  A  K  V  C  B  K  V  H  Y  B  M  O  S  K  D  D
G  M  L  D  P  S  B  X  M  S  F  O  I  R  W  F  U  M
N  C  Z  E  V  A  K  X  L  A  G  N  I  T  O  G  W  N
N  M  Y  S  X  R  A  S  E  N  T  I  R  M  A  L  H  Z
Y  S  P  O  S  P  A  O  C  O  R  J  W  H  Q  K  Q  Y
H  E  E  T  I  U  B  H  Q  D  C  X  F  V  T  B  X  F
L  G  M  N  N  L  U  A  I  F  U  Q  Q  E  O  V  S  O
Q  U  T  J  T  L  J  L  L  K  R  M  S  A  W  E  K  A
L  R  W  I  O  I  C  E  R  F  Q  E  P  I  U  U  U  X
K  O  T  V  M  D  R  S  W  K  T  E  O  Q  D  J  C  V
Q  D  F  L  A  O  G  M  I  N  F  T  A  W  H  A  F  Z
X  E  W  I  S  Z  T  I  E  V  J  S  A  X  V  H  A  X
V  S  O  V  L  A  J  I  O  J  M  K  E  I  Z  W  B  F
D  A  X  W  K  A  S  X  L  R  O  Z  Z  G  Z  V  C  Z
D  L  K  R  M  S  I  Y  F  X  J  R  N  Y  U  J  G  T
M  U  W  G  M  U  P  D  G  T  L  C  Q  G  D  R  U  F
F  D  J  W  F  Y  C  P  I  W  N  S  L  C  N  U  O  T
A  P  U  N  L  B  D  D  O  Q  Q  X  X  E  H  Y  E  X
```

SANO
SEGURO
SARPULLIDO
SEGURO DE SALUD

SIDA
SIENTESE
SENTIR MAL

SAQUE
SINTOMAS
SENTIR MEJOR

Word Search #22

```
T U N M Z J N F T R L V S Q A Y E Q J N Z D
D T K U B F M H Y E K G W M K S Q Q S A T N
H X T Z Q T F X O Y P B G R B L Y H R T D H
S C B A O T U T Q Q H A C F Y R Q K G B Z Y
H H W A R S Z E A S U E N O J L R N O S P L
D N R D S J P F R A E J M P U D U J J A G C
B R T L L T E L E F O N O D E C A S A F Y F
A D V E X V T T E B A O K O C B I A B E T D
V L O Y P X Y Z A U V B E Q A Y T X O S W X
M Q O D T M V X F C E F F R T I B I A T K A
V U D F I S D Y J L B C T Q E I L Y J E H C
O H E V H K X L U D L E C A R U U S R M N J
B F Y H V N G I V H D R G V M Z M L A P L E
S S U D O R E S P O R L A N O C H E A E R P
U B R B Q E L J N L B X F I M F J O Y R V V
U D T B T A L O N W T D P P E S O F S A Z I
S X P I X T F C R R G F P N T S S B D T H D
A L G B T E O L X C A W O W R R D C R U H Q
O S G D L G U X S R S X G A O Q J N C R O J
G X W E X H I P M V O J T L W C O M L A A D
U Q T X S A B R P W H F W K Z H Q H W Q P N
J B T N Q I V A A K Z E C C V Q W W F I T Z
```

SUENO
TIBIA
TEMPERATURA
SUDORES POR LA NOCHE

TALON
TARJETA
TELEFONO DE CASA

TARSO
TERMOMETRO
TELEFONO DE TRABAJO

Word Search #23

```
P  K  A  E  A  U  D  P  T  P  N  X  B  Q  N  H  J  P  V
T  O  K  V  J  N  T  B  M  I  X  M  C  E  U  A  G  V  C
K  O  A  E  N  A  F  E  A  Y  M  Z  Y  Q  N  I  Q  I  M
J  E  B  J  O  B  X  X  R  L  B  P  I  P  E  R  F  E  N
N  R  D  I  F  J  R  P  N  O  B  X  A  I  D  F  F  N  P
I  D  Y  G  L  U  R  U  H  A  Q  Z  I  N  W  J  F  T  R
D  V  Z  A  Z  L  C  K  O  P  P  S  O  S  O  Y  E  R  A
E  M  T  K  Q  O  O  I  T  I  Q  G  J  S  T  O  S  E  R
D  I  N  D  D  H  J  V  F  H  C  A  O  X  H  B  I  R  L
T  Y  P  Z  D  I  B  Y  W  G  L  U  S  R  M  U  Z  F  B
V  V  V  Q  N  P  A  L  C  U  R  H  M  T  V  C  G  D  H
N  L  U  N  E  S  P  E  C  I  A  L  I  S  T  A  D  Z  V
J  Z  G  L  E  C  C  I  R  R  W  X  R  O  U  J  M  B  G
R  G  J  F  W  X  S  M  B  U  Z  N  A  N  H  N  U  A  F
T  N  I  S  E  E  K  D  G  V  Z  Z  V  B  N  H  A  Z  M
C  U  O  S  V  O  T  N  U  I  M  H  O  N  V  D  R  E  J
U  T  F  B  K  L  B  D  Y  D  D  C  C  Q  W  U  I  F  U
G  S  M  Y  J  Z  T  W  M  F  B  F  B  F  Z  O  V  T  K
I  V  O  B  E  X  X  Q  G  R  Y  F  C  A  K  U  P  R  I
```

TOS
UTERO
TOBILLO
UN ESPECIALISTA

UNA
VEJIGA
VIENTRE

TOSER
TIMPANO
VESICULA

I A Z Z Q M O Q Y D T S D A O H I F Q
H K C A D H I R J A M A V V B J W M M C
L A P X D Z A J J F J G A A Z F R T Q
W V F Q P O B F M N T A W Z F G L X L
K K C O R C R S R U L R T R K N T T A
R S S C N C A M B C R R A H P T G C N
E Q T M N C N I E S O E J L C C A I E
A V C M N G V C D C A M I G D A L A S
J P C B N U F G V H I I D H E D S O T
C W E E R K P J J E H M F T T G Y X E
F Q I L M C U K S N H A I S Y T J P S
M N M K L X A E N J W N N E F R I F I
M O K C E I T M U X G O O E N H F V A
W R H X P S D L N W I D I T M T F I Y
X Q P D E Q T O X O Y T R N Y I O W T
M H S U D M E H E O R X L J J D A Z Y
R A C W D K S G S I A A B D O M E N N
D A N A L I S I S Q O N D I O H I H V
I X B U F A R K L U C B W Y T D D K N

ABRA
ANALISIS
AMIGDALAS
AGARRE MI MANO

ANEMIA
APELLIDO
ANESTESIA

ABDOMEN
ACUESTESE
ADORMECIMIENTO

Solutions #1

T G T U V K K B B L A G I N A K F
P U C W J A I B K O R L P R J S G
S L W Z T R J A A M T K S C R P V
K X L G C T I W X S I U A C E A N
S G Q I N R W H F R C Y L F N N M
O K A L E I B L W T U U K I F P W
E K T T N T P A V I L M L F S C T
H O C D P I A H R W A W G A S M B
R A P S D S W G T B C C E J N M O
B Z C C L F Q H U O I E T I A O B
S P N O I W C I E C O L W X B L B
L M O W Y F E T R A N T L U E L R
F K M I A V E R I G U A R A Z G J
B C T E V I I Z A F G A J I V Y D
S N C W R R L J N I B A J E L R C
X U S P O H O X Z J A V C O W M M
L L A K W O M K M P R C O U M F R

JE
SCULA
RBILLA
TICULACION

BOCA
ARTRITIS
AVERIGUAR

APRIETE
BACTERIA
BOTULISMO

Solutions #2

W W W J H B Y C S J W I B T T Z

F I C A R P O D O K J A A O W

L B R O N Q U I T I S N R B R

C Z E F G L T T Z I H D M R N

I A H U O R V F M Z B L X A A

P M N U Z P F A K U C P Z Z U

S J H C E Y C L K A Z J E O J

O G X C E F Q A I Z T B H J C

P C D M A R X W L E A J R D A

X R A Q K O I M P C E J A S R

I V K I E F J L X C A D E R A

V H H R A S X G G K F N T I R

L T C P F N P L M P Z E B Q

J H C I Z I S Q X O R K I O O

L E A S V P G V I J M Q E D F

CARA
CEJAS
CAMISA
BRONQUITIS

BRAZO
CABEZA
CANCER

CARPO
CADERA
CALCANEO

Solutions #3

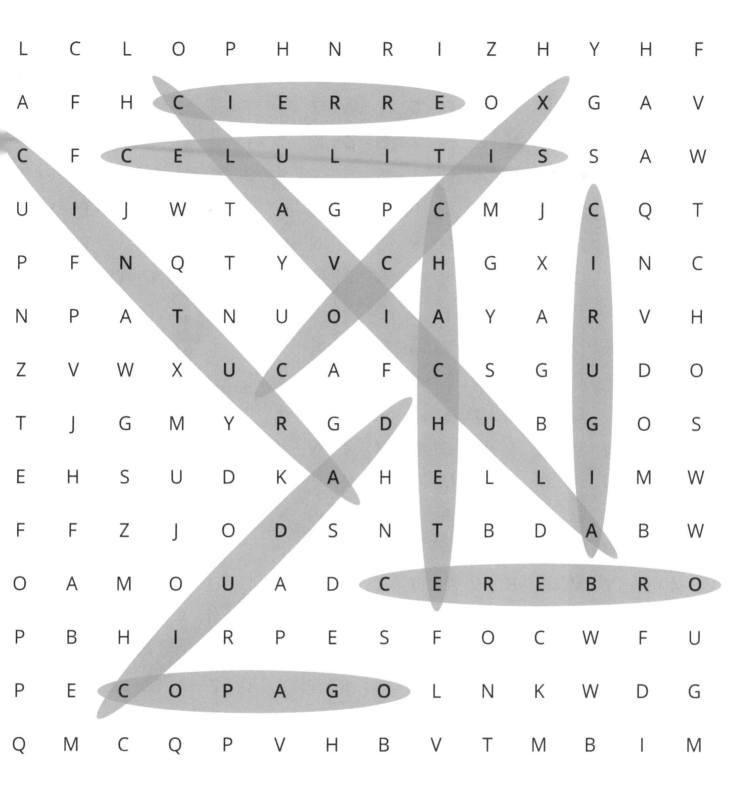

L C L O P H N R I Z H Y H F
A F H C I E R R E O X G A V
C F C E L U L I T I S S A W
U I J W T A G P C M J C Q T
P F N Q T Y V C H G X I N C
N P A T N U O I A Y A R V H
Z V W X U C A F C S G U D O
T J G M Y R G D H U B G O S
E H S U D K A H E L L I M W
F F Z J O D S N T B D A B W
O A M O U A D C E R E B R O
P B H I R P E S F O C W F U
P E C O P A G O L N K W D G
Q M C Q P V H B V T M B I M

Solutions #4

```
S R U K W B Q Y A I T T F E R W Y K P Q F P
U F Z J L J M Y G S D V U Z O U I A H O K T
T L G O Q V B A D C J W Z O T H U N F W H T
Y R I U U F N G H Z O D M T I L C R E S L O
T Q H C O M P A N I A D E S E G U R O S V K
S Q E N U Q O R C P M H I G S A A K D E S E
E K M L K S G E O K U T N G O B N L U R L F
Q V O E O A Q N N C O R A Z O N D C Q O V Q
S C P A F F Q O N Y Z O T L Y V P O C E E M W
H A T R U U Z U V S O M C Y B I O N M W I R
R Q W P C H S W X C O S T I L L A S W E H Y
K Q A O Q M C D L J I O X X C R T R T L W M
X U A V N K V J W B M Y Z N Y C C E R Y A E S
V T N J K V S M F O N Z L Y L O B J W L K
P Q T S U G W C R B N S L Y U C K Q P T Z T
V T L Z U X O W J Q E H L C Y O H O H W X
Q X W V V G B W E I K D H K C D Y X M U Q C
P L X C S J L B G G Q B O L K Y O V F I F R C
P W K I A K O L C D D B T R R K F U D A T S G Y
V B X Z H R Z F S L L J J T A L Z I O Z Q V V
Z J F U W P S I V C B Q D K R J Z Z A G M W X
A P X W M N L O B D B P Q N U D Y M C O C R
```

CODO
CRANEO
CORAZON
COMPANIA DE SEGUROS

CORTE
CUANDO
COSTILLAS

COXIS
COLUMNA
CODIGO POSTAL

Solutions #5

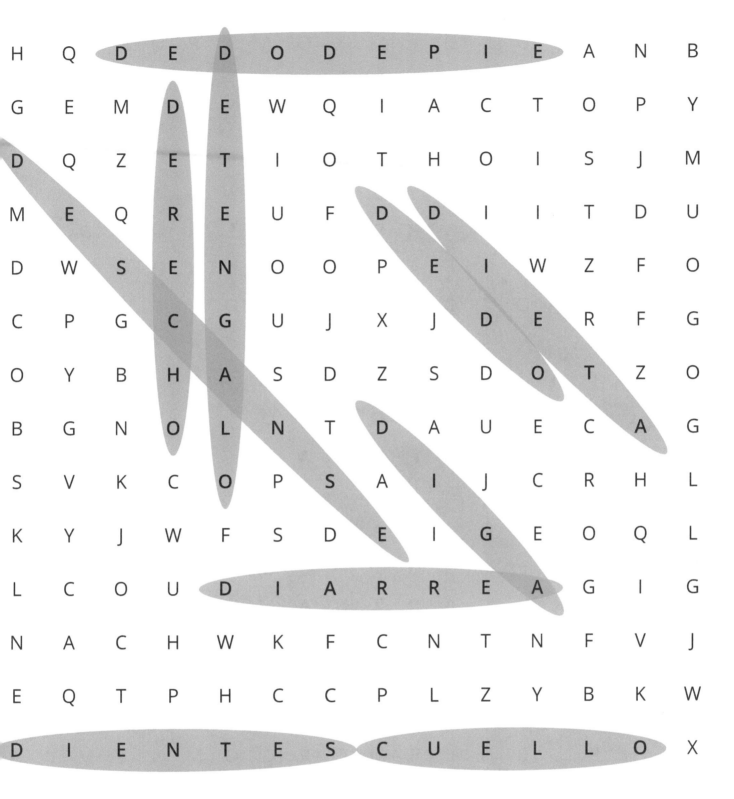

```
H  Q  D  E  D  O  D  E  P  I  E  A  N  B
G  E  M  D  E  W  Q  I  A  C  T  O  P  Y
D  Q  Z  E  T  I  O  T  H  O  I  S  J  M
M  E  Q  R  E  U  F  D  D  I  I  T  D  U
D  W  S  E  N  O  O  P  E  I  W  Z  F  O
C  P  G  C  G  U  J  X  J  D  E  R  F  G
O  Y  B  H  A  S  D  Z  S  D  O  T  Z  O
B  G  N  O  L  N  T  D  A  U  E  C  A  G
S  V  K  C  O  P  S  A  I  J  C  R  H  L
K  Y  J  W  F  S  D  E  I  G  E  O  Q  L
L  C  O  U  D  I  A  R  R  E  A  G  I  G
N  A  C  H  W  K  F  C  N  T  N  F  V  J
E  Q  T  P  H  C  C  P  L  Z  Y  B  K  W
D  I  E  N  T  E  S  C  U  E  L  L  O  X
```

EDO
UELLO
ENTES
EDO DE PIE

DIGA
DERECHO
DESCANSE

DIETA
DIARREA
DETENGALO

Solutions #6

L M L W D D B O V M K O A A E Q M T Z A
C J A Y O Q U U D B M X G F C B G M I D
A H T F L S Z J U O M N E U Y S D N A O
V T M L O C B X N T M N F K X D O B F L
J D W C R I D D V B Q W B W O I Z E T O
B H O I D O L O R D E M U S C U L O G R
E P E L E H I L A G Q H P C A D D G D D
A Y L A O O C O I N U Z E D H V C U I E
W Q Y W I R S R I H K R G C R Y H T G C
V G O J D G D D W U I N D O B L E W A A
D O C T O R J E O D D Q O J Y V I H M B
U P K N F W L G E O Z W L T R B F H E Z
X S J K E C M A L S H U G M A A T X S A
C N S K O U Q R U A T X K A F D K X K A
D O L O R E M G G I W O D G F J U U N Q
O A X O K H M A B Z U A M H Y Z B D M E
K Q W D Y D E N Z O Y I E A K I J R O P
R N I M P Y F T G Z R J W E G S P R U Y
C Q F P T Z D A N K Q G F T O O A S S B
M V H P L B N L B M C R G O M N Y M W Y

DOBLE
DOCTOR
DOLOR DE CABEZA
DOLOR DE GARGANTA

DOLOR
DIRECCION
DOLOR DE MUSCULO

DIGAME
DOLOR DE OIDO
DOLOR DE ESTOMAGO

Solutions #7

E C N E M P L E A D O R Y R Z K K N E
L K P P W C F E C B Z Q D D C I G D K
H H K M G S X V A L D K G O U F D L P
D H E E M P U J E L S K V L N G C X M
Q E D O L O R D E P E C H O X D A G U
E I K L Z I G E C Q A L S R T D E L K
R Q G T B O X L E S H C J D M C O D I
O G W O Q N E I T R B U G E B L T F Z
P E L G D Z J G R P Q W S U U E O Y D
K B N D M T E V G E Y B R N W E L T
K Q T E O D R N W Q L D X I X R W S J
B J M O F C C V F C O J A N V Y A Q X
K S E U U E I Z G E T W A A D I J P B
Q H C U J U C U G L R Y R R C N E I Z
W Y B N Q A I T H K Z M M N A J K X
Q P N I U E O P I Q Z J E R C B M H L
G T N S I R J B Z V W A K R U X E Y E
Z H G X K R X S B U O V R X A F X Y Z
X N H R P A L R T R F G L K N Y V F Y

ONDE
ERCICIO
EFECTIVO
IXIR EL JARABE

EMPUJE
EMPLEADOR
DOLOR DE PECHO

ENCIAS
ENFERMERA
DOLOR DE URINAR

Solutions #8

E E R G K D Q X Z W D V M W T S Z E
X S D I N H X D W A O S A E X Q U O
W E E E F G H L S E G R S F W H K
O T S S Y A H M V F L P H F Y G U W
V U T T T A S E J Y J H X G J Z Z
X I O O R O S D S U V R N X R G B V
E U M R Z E R E W T V L K P E U P C
S W A N J Z N N S C A Y F A C H M X
C L G U U N L I U T A D Z F Y N L K
H V O D S B N Z M D I T O B X A V A
U I F A Z C A I L I O R R G D N U A
A B F R F Z X A K E E E E F R N U A
R X R F D W P M V M E N N L P A O J
O P C Q L S K Q R Y T E T P A K J B
O H L F E R I E S T E R N O N O B K
P X J U U C F N W O D J G I M J O J
D O Q Z K N K H M A F G V R W M T Q
O F M G E O P O D Z W N F S A J A N

Solutions #9

Word Search Grid

```
E  X  A  M  I  N  A  R  Y  Y  J  R  M  F  A  M  M
R  P  T  M  K  S  U  V  Y  M  A  E  B  R  Z  F  U
Q  E  U  E  G  N  P  N  Q  I  I  F  D  T  O  T  L
V  I  E  X  X  O  I  R  L  Q  E  B  R  S  O  B  D
S  L  Y  I  D  F  S  I  C  U  X  U  Z  O  L  M  I
C  S  G  O  J  F  M  W  R  X  A  T  W  M  W  C  M
J  Q  M  N  Q  A  O  Z  Q  Z  M  S  Y  O  P  P  C
U  H  O  Z  F  R  W  R  G  Y  I  Z  D  N  H  Q  I
X  S  Q  K  L  M  T  C  X  P  N  B  O  K  K  B  R
I  W  E  L  F  A  T  I  G  A  A  I  Z  V  Q  Z  Q
F  A  R  M  A  C  E  U  T  I  C  O  E  F  U  E  L
Z  K  T  Y  Y  I  E  N  D  A  I  B  N  Y  O  F  O
U  R  P  U  K  A  X  J  U  Q  O  H  B  K  F  J  N
J  Y  E  S  W  M  H  C  I  R  N  L  E  G  Z  J  R
I  I  C  F  A  L  A  N  G  E  S  K  J  H  Q  C  Z
F  F  F  J  I  X  V  L  Z  L  O  T  I  O  Y  R  U
H  G  U  Q  E  F  E  C  H  A  S  Z  S  M  D  V  I
```

CHA
MILIA
RMACIA
RMACEUTICO

EXHALE
EXAMINAR
EVACUACION

FATIGA
FALANGES
EXAMINACION

Solutions #10

A T F R B G T K H R V V B F J M J Y F C L T
L R L E R K W O Q C A U T J V C A B M H H A
L V X G C F G R A E F M U E I U V Y R Q D I
B E X H T H F I B U L A V Z W A Z A O N P E
W O F I R M A R H E U Z Q P Q U Y L B H B A
E J T H X V C D T F J Z D Q D F J S W Y F Q
Z Q O V G Q D K E A O J Q F E E Y N W D W D
V M U F L U H B M N V O N M C L R S B F Z D
F O R M U L A R I O A F F A B Z T S D E O
H F H Y G H X Q A T G C T E Q A I F S T G T
J R X F W T U O R B I I V R J Z H A V D H P
G H P L O M F B X D N F X M J Q I C M R A J
Z Q P K X J M Q G E A Y Q T I T K K Y N U N
K A Q T F D R O G R L E R I W E O X C T B Z
A Z K G F U Z O Y F G A Y D S P N N I X G I
L Z X X W Z M C H R R D O I R H T U T W P F
A Y Z G G T N A E E Q O V T A Y J W O T Z O
A C L P S P M H R N Q L L E B A R Q D P P Q
T Y Z J R X E D C T X U Z C O U G W E N J U
F N Q X G I Y H E N Y Z L M M K F L P K S
Z W A N U Q W S N R F K I E Q C J K I U B L
Q B G F L U O E P G X U F H R I Q Y Y O U F

FEMUR
FIEBRE
GENITALES
FECHA DE NACIMIENTO

FUMAR
FIRMAR
FORMULARIO

FIBULA
FRENTE
FLUJO VAGINAL

Solutions #11

P Y H G V J M H I G M R H Q C
D L M I H T O O H U H P F I J M
N O O U S L O R O E G S G D N
X O J H P T L T A M S H A S K
T A G G W V O O U O B O D B G
T J T O E B Y R O R M R O A M
B R Z A T V S N I R I E O L W
P H I Y R E U Y O A U Q H P D
P P E X O P O X E G Q T K W H
N X K R N S K N I I J K Z M U
K H Q U I X P M A A Y P L Q T
E V Z N S D R X C S D S L J X
V A F H P O A U M C A R K V I
H Z D W H U M E R O S L X H O
S T T A O O I Y N R P H A Q P

UESO
OMBRO
ORMIGUEO
AZ UN PUNO

HERIDA
HUMERO
HEMORRAGIA

HIGADO
HISTORIA
GOTEO NASAL

Solutions #12

W F L S H C Q T I I Z A L C A Z I C
B P L W P V C Z X I T L F B X L N Z
I N F O R M A C I O N M O E L I T Y
X J C Y V L T W I B O F F E J A E D
D U X W B A A U N I V I E B K I S K
Y X B Z L U B B C K I J C C V B T E
I Z Q U I E R D O K N H F B C J I P
U N N U M H G R N R N H Q C L I N S
W V V Y D V M M Z T O A T T I K D O I
K T V A F W S Q I O O T C N L D D N
X Y K X P M J C N Q K V O G M J F S
M F N F N K C Q E C S T H R T N R O
F O T B Q E R D N C A L A B I O S M
F G C P Y M Q Z C V G S C B E O R N
M Z X N R R B J I B C O N Y V P H I
W Q I D J L L A A B R A S I O N H O
E R U W N X U A P W T Z Q U O G U N
N U M J F B F K E Q Y Z Z W U B D B

LABIOS
INTESTINO
INFORMACION
INCONTINENCIA

INSOMNIO
INYECCION
LA ABRASION

INFECCION
IZQUIERDO
LABORATORIO

Solutions #13

```
K  G  P  J  B  A  O  Z  C  N  O  E  O  F  Y  U
V  R  U  M  M  L  I  P  E  T  Z  I  L  M  Y  E
I  H  F  A  E  F  S  K  S  Z  E  J  N  A  Z  B
G  A  K  N  D  T  F  V  C  O  E  Y  Y  L  Z  I
P  H  Q  D  I  G  B  T  C  L  E  X  L  X  E  R
M  E  D  I  C  A  M  E  N  T  O  X  I  J  V  P
L  K  Z  B  O  T  A  E  M  R  Y  G  Y  C  A  M
P  E  Z  U  G  U  L  K  D  A  A  E  J  N  N  G
S  L  V  L  R  X  J  E  E  I  N  V  O  T  T  S
G  E  M  A  R  E  O  S  V  I  C  O  B  B  A  W
G  N  R  O  N  L  X  P  H  Q  F  I  W  D  R  J
B  G  I  I  H  T  H  G  H  O  H  Z  N  Y  J  M
Z  U  I  D  O  U  E  D  C  K  P  X  O  A  E  B
M  A  G  U  L  L  A  R  X  S  Q  J  F  Z  F  K
U  R  X  O  W  N  D  X  A  W  L  Z  K  I  L  G
H  E  L  G  J  F  F  Q  B  E  U  G  K  W  I  R
```

ANO   LENGUA   MAREOS
EDICO   LEVANTE   LEVANTAR
AGULLAR   MEDICINA   MANDIBULA
EDICAMENTO

Solutions #14

V N K L E Q E T G K J G P L I C B V
H G F R I V T Z N W H G B I L D P E
L T A W M Y Q M S U Y B P R U M A T
F J R D G O X E U G Y B Z A J E P K
Y F B M X U V J Y N W H N R R S V A
E P R E M L W I S E E R Q U H A W M
N I M V U P X L M H E C U W D Y E E
A O M U S C U L O I G H A B X E F T
Y H Z Y L B O A P S E C C R G E Y A
W Q S V O E G U X C G N S H Q X H T
U R J L K E S W C S Q M T J F A R A
P J S Q O A L D V B X F A O K M B R
Z N D C V Q W D L G U F V B S E T S
O T B E F F H O E H E U Y C P N L O
D J U B X M O Z A S N U M V O T R E
R M U C H O G U S T O C I L F O Y D
Y Z W Z Y Z G G T C B N G P O N Q T
Q P N V J M H J P P J W X S E E N E

MUSLO
MEJILLA
MOVIMIENTOS
MUEVA SU PIERNA

MENTON
MUSCULO
MUCHO GUSTO

MUNECA
METATARSO
MESA DE EXAMEN

Solutions #15

C T D R Z F G Y Z K H P R T P L U N Q
R H L N W F D J X A I T P Q P S K A X
B L O J W D G I J E P G J T A O D U V
Z T Z D I C G X T L R L Y M J J A S B
A D H B C C Q L D I N S V O S N N E A
O N W N D T E I J F S G L A C A O A R
M G W M S D L B M Y U R O Q Q R H G P
L R V X X V K T Z C O T A M U I A U H
U E M E A N G Z H D A S G M Z B C T
R J O T J Y Z Z O U Y E Y P X L R C
H V B Z A H U K I B Y S E J N W E E P
L E I D L V I L I N E R V I O Y R Q Y
E W H V B I J D A D B O I D O A Q G X
S H O T H X D W O M V T V E R I V U K
N J Q C O C N R O B Z I M B A K B L L
X E L V N K E N W I P O E L Y P A Q P
E U T X B M R B D C D J A E G M Y Z M
M U P M U V I N E C A O S B O P Y U O
N I A N U J D Z P B H S S S A H B E Q

O
ARIZ
ERVIO
UMERO DE SEGURO

OIDO
OIDOS
NOMBRE

OJOS
NAUSEA
NO HABLE

Solutions #16

P	O	P	I	N	I	O	N	H	P	A	C	B
A	A	T	Q	D	B	R	P	T	K	K	P	J
N	L	C	R	Q	K	I	V	R	V	V	T	I
C	T	D	I	A	D	N	P	P	P	B	N	I
R	F	P	O	E	V	A	T	G	E	Y	V	L
E	P	Z	A	C	N	E	O	R	E	J	A	Z
A	S	M	K	G	O	T	Z	D	N	O	F	J
S	G	R	E	C	A	G	E	M	T	T	P	P
H	M	N	B	L	L	R	Q	K	K	R	Q	I
H	T	E	P	O	M	B	L	I	G	O	L	J
V	X	O	T	U	D	P	E	S	Z	N	Z	G
N	M	M	U	V	B	G	D	X	U	T	N	Q
O	O	U	L	V	I	Y	T	A	R	K	W	F	C

OTRO
PAGAR
OMOPLATO
PANCREAS

OREJA
OMBLIGO
OTRA VEZ

ORINA
OPINION
PACIENTE

Solutions #17

P E S T A N A S B T V D M R O
O Q L A C X Z S Q I N B T T Q
R P I E R N A L H F C P X Z O
F G A I V O I G O Q E I P N B
A C C N O R I E C J W E A A N
V P H P T O S O U A S L P A Q
O Y A X I O J P Z E E S S F E
R U Z Y P C R X H M D E C T H
N X O J D D A I S J P C K X T
T M C H L N A Z L T H O G V X
S C E E N S V R O L V Z X Y T
F C I S P I E T C N A J R H R
F P Y R E U U P E C H O D O C
G Y L D O Y H O R M J K P Z X
P E G M P T E G R W C T O O O

E
CHO
STANAS
NTORILLA

PESA
PIERNA
PIEL SECO

PIEL
PICAZON
POR FAVOR

Solutions #18

R D E B U M A Z G Q P R F K J G X U Y D G
N D B R P C G W P B O S X X R W P R T G L
Y U R D R K M P H Y I U N B M K O K H E H
O F E R E C I B O C O V K V O Z T C A S R
U E S Y S N W L O P O H R E F X W L I Z
B T P N I T W J T I E M C U T H X P S C E
N L I C O Z T L K J J V U B S G L O V V U
N V R T N Y E T V G P W F T R Z Q D I K U
B S A H S R V J N R Z J E K T C Z W X C O
V D C F A B B P V D M P O M A F U W W C T
K M I O N D S S P G Y S O T B Y Q C C D I
L J O D G R C P U M N W N X B O K U R Z K
X Y N W U H N R L N V U U T I Y O I S Z O
J T V H I R H R G N G P O R W F B M W H
D S G C N E A S A E Z O R T K I G B U S T
M A L P E C X D R F O U R L K N D A A Z M
J C P C A O N P I L C Q I E Y Q T K U E T
L X R T N J X P O O B Q W U C R S A C W G
B W D A A M B R E G U L A R M E N T E E F
U Q E U J E P U L M O N I Z W D T Q J T F
N F P A K B Q P Y Z H P S B N R I A I O H

RADIO
RECETA
QUE OCURRIO
PRESION SANGUINEA

PULGAR
RECIBO
RESPIRACION

PULMON
PREGUNTA
REGULARMENTE

Solutions #19

```
B Y S K M P N T V N P Y K H R R V C J G Q
O X S Q Q V D N I L N Q D A P N E P H W Y Q G G
Z P S A U M V X O Z Z X G F F X O I Y H K C
Q M G Z L P T H I G V C U C M E Z J U R A H M
A N E F F A G H F C D A G D P V S A S Y F
W E X Y P M D D O H Z T X N K U L O Z G Q
A T C D R I R E S P I R E E L L K J H G D
T X J H S R S D E U L N C Q I A Z X N Q
J A W G J M A Q A M Y L F D G Y H L R O L
D R O Y P B L K R W E E O J I E F C B R D
E Z C P O Q A C M Q A R I X N C A C H U L
K J P V V B S Y S I L G G A I D R Q L J R
F R P X L O K T J T L L E T B E A N A B
S U Y G P S C B U I H U C S N P S N H N T
Q U X N E Q P C R S R S T V C Z R C P G M N Z
S N R Y C J Y Y G O D W G D N C I E Z D N
E R G N Z S J D R P W S K X T T R A Z D G
B Y R I Q P N Y F M Z M L C I I A I J Q S
V T O Y R K X S B K I K W N W A R Q N U F
S A N G R E S U L T A D O S Q O C G N O W
U X Y Y D C Y I X V L A T Y U V O U G E N
```

ALA
ROTULA
RODILLA
SALA DE EMERGENCIA

RINON
SANGRE
RESPIRAR

SALUD
RESPIRE
RESULTADOS

Solutions #20

V X A K V C B K V H Y B M O S K D D
G M L D P S B X M S F O I R W F U M
N C Z E V A K X L A G N I T O G W N
N M Y S X R A S E N T I R M A L H Z
Y S P O S P A O C R R J W H Q K Q Y
H E E T I U B H Q D C X F V T B X F
L G M N N L U A I F U Q Q E O V S O
Q U T J T L J L L K R M S A W E K A
L R W I O I C E R F Q E P I U U U X
K O T V M D R S W K T E O Q D J C V
Q D F L A O G M I N F T A W H A F Z
X E W I S Z T I E V J S A X V H A X
V S O V L A J I O J M K E I Z W B F
D A X W K A S X L R O Z Z G Z V C Z
D L K R M S I Y F X J R N Y U J G T
M U W G M U P D G T L C Q G D R U F
F D J W F Y C P I W N S L C N U O T
A P U N L B D D O Q Q X X E H Y E X

SANO
SEGURO
SARPULLIDO
SEGURO DE SALUD

SIDA
SIENTESE
SENTIR MAL

SAQUE
SINTOMAS
SENTIR MEJOR

Solutions #21

```
T U N M Z J N F T R L V S Q A Y E Q J N Z D
D T K U B F M H Y E K G W M K S Q Q S A T N
H X T Z Q T F X O Y P B G R B L Y H R T D H
S C B A T U T Q Q H A C F X R Q K G B Z Y
H H W A R S Z E A S U E N O J L R N O S P L
D N R D S J P F R A E J M P U D U J J A G C
B R T L L T E L E F O N O D E C A S A F Y F
A D V E X V T E B A O K O C B I A B E T D
V L O Y P X Z A U V B E Q A Y T C O S W X
M Q O D T M V X F C E F F R T I B I A T K A
V U D F I S D Y L B C T Q E I L Y J E H C
O H E V H K X L U D L E C A R U U S R M J
B F Y H V N G I V D R G V M Z M L A P L E
S S U D O R E S P O R L A N O C H E A E R
U B R B Q E L J N L B X F I M F J O Y R V
U D T B T A L O N W T D P P E S O F S A I
S X P I X T F C R R G F P N T S S B D T D
A L G B T E O L X C A W O W R R D C R U H Q
O S G D L G U X S X G A O Q J N C R O J
G X W E X I P M V O J T L W C O M L A A D
U Q T X S A B E S D F V H F W K A H W Q P N
J B T N Q I V A A K Z E C C V Q W W F I T Z
```

JENO
BIA
EMPERATURA
DORES POR LA NOCHE

TALON
TARJETA
TELEFONO DE CASA

TARSO
TERMOMETRO
TELEFONO DE TRABAJO

Solutions #22

P K A E A U D P T P N X B Q N H J P V
T O K V J N T B M I X M C E U A G V C
K O A E N A F E A Y M Z Y Q N I Q I M
J E B J O B X X R L B P I P E R F E N
N R D I F J R P N O B X A I D F F N P
I D Y G L U R U H A Q Z I N W J F T A
D V Z A Z L C K O P P S O S O Y E R A
E M T K Q O O I T I Q G J S T O S E R
D I N D D H J V F H C A O X H B I R L
T Y P Z D I B Y W G L U S R M U Z F B
V V V V Q N P A L C U R H M T V C G D
N L U N E S P E C I A L I S T A D Z V
J Z G L E C C I R R W X R O U J M B G
R G J F W X S M B U Z N A N H N U A F
T N I S E E K D G V Z Z V B H N A Z M
C U O S V O T N U I M H O N V D R E J
U T F B K L B D Y D D C C Q W U I F U
G S M Y J Z T W M F B F B F Z O V T K
I V O B E X X Q G R Y F C A K U P R I

TOS
UTERO
TOBILLO
UN ESPECIALISTA

UNA
VEJIGA
VIENTRE

TOSER
TIMPANO
VESICULA

Solutions #23

Notes/ Notas

Your feedback is important to us!

Please consider leaving a quick review

If you have enjoyed this workbook for healthcare professionals, please consider leaving us a quick review! It will only take a few seconds of your time, and we would greatly appreciate it!

Thank you for supporting small business!!!

Coming Soon!!

**Enhance Your Medical Spanish Vocabulary Word Search & Workbook
for
Allied Health Partners**

Made in United States
Troutdale, OR
01/05/2024